LUDMILA É UMA JOVEM E BELA VAQUINHA.
ELA É MÃE DE UM LINDO BEZERRINHO
CHAMADO JÚNIOR E O AMA MUITO.
ENQUANTO ELE FOR UM BEBÊ, ELA PROPICIARÁ TODOS
OS CUIDADOS MATERNOS QUE ELE NECESSITA PARA CRESCER.

A VAQUINHA LUDMILA É TÃO AMOROSA COM SEU BEZERRINHO JÚNIOR QUE O PAPAI TOURO FICA MUITO ADMIRADO. ESSE BEZERRINHO É O MAIS AMADO DE TODO O MUNDO, PENSA ELE.

NAS TARDES CALMAS, PERTO DO LAGO DA PATA GRISELDA, LUDMILA ESPANTA AS MOSCAS COM A SUA CAUDA, ENQUANTO JÚNIOR FICA BEM PERTINHO DELA.
É MESMO UMA DUPLA INSEPARÁVEL!
ENQUANTO RUMINAM, AS VAQUINHAS FICAM SABENDO QUE AQUELE SERÁ UM DIA DE FESTA PARA ELAS, POIS O SENHOR ZECA FOI BUSCAR GRAMA BEM FRESQUINHA.
NÃO HÁ COISA MELHOR PARA LUDMILA!

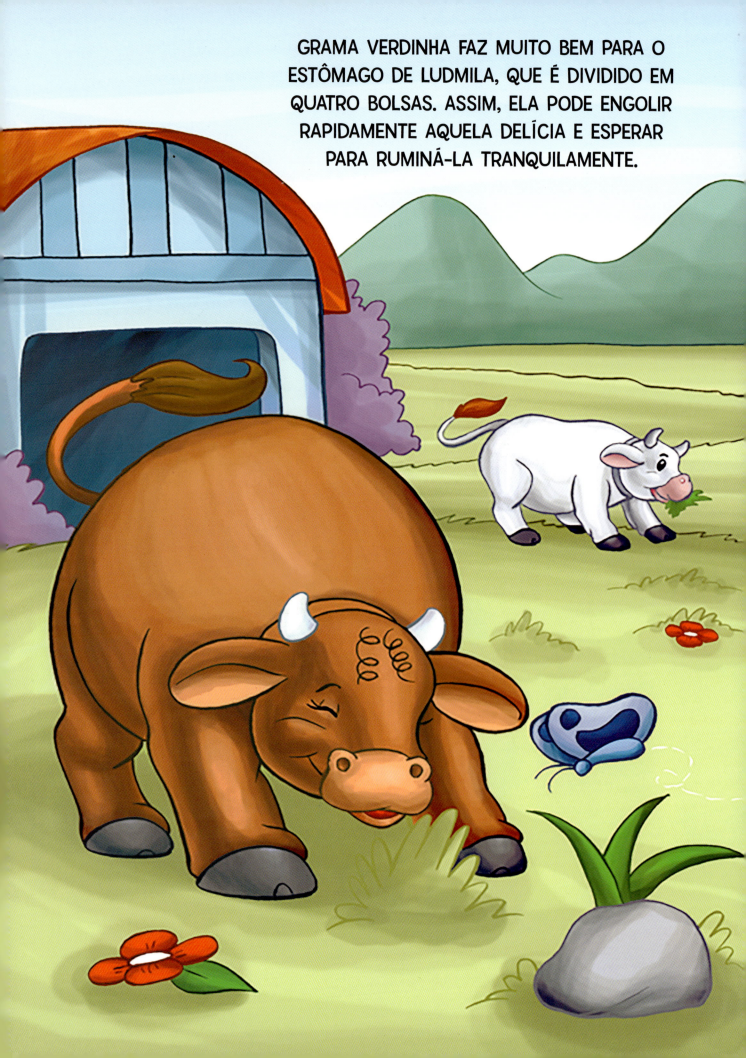
GRAMA VERDINHA FAZ MUITO BEM PARA O ESTÔMAGO DE LUDMILA, QUE É DIVIDIDO EM QUATRO BOLSAS. ASSIM, ELA PODE ENGOLIR RAPIDAMENTE AQUELA DELÍCIA E ESPERAR PARA RUMINÁ-LA TRANQUILAMENTE.

POR CAUSA DAS DIVISÕES EM SEU ESTÔMAGO, LUDMILA NÃO PENSA EM QUASE MAIS NADA, POIS VIVE PARA MASTIGAR O SEU CAPIM, FRESQUINHO E DELICIOSO, O DIA INTEIRO.

O PAPAI TOURO RECEBE UMA RAÇÃO BALANCEADA PORQUE PRECISA DE ENERGIA PARA TRABALHAR NA FAZENDA.

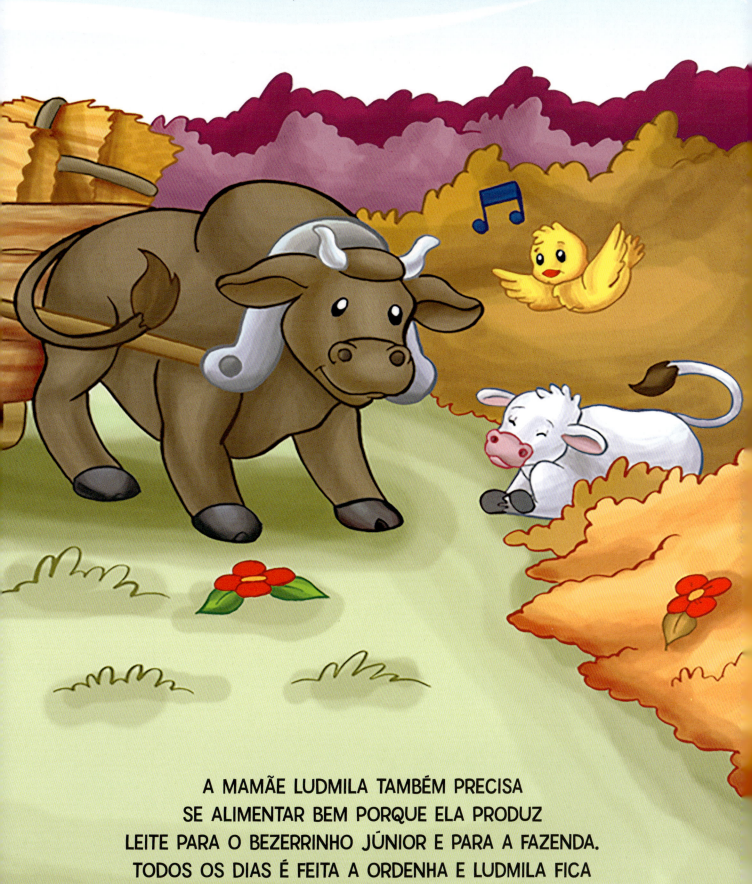

O BEZERRINHO JÚNIOR ORGULHA-SE DE SEU PAPAI, TÃO FORTE E IMPONENTE.

A MAMÃE LUDMILA TAMBÉM PRECISA SE ALIMENTAR BEM PORQUE ELA PRODUZ LEITE PARA O BEZERRINHO JÚNIOR E PARA A FAZENDA. TODOS OS DIAS É FEITA A ORDENHA E LUDMILA FICA TODA SATISFEITA POR TER BASTANTE LEITE.

O BEZERRO JÚNIOR É UM SORTUDO PORQUE TEM UM BALDE DE LEITE SÓ PARA ELE! ASSIM, PODE BEBER O LEITE COMO SE ESTIVESSE SUGANDO DIRETO DA SUA MAMÃE. ESSE SEU ZECA É MESMO INTELIGENTE!

O BEZERRINHO JÚNIOR NÃO PRECISA
ACOMPANHAR A SUA MAMÃE NO PASTO,
À PROCURA DE GRAMA VERDINHA.
ELE FICA EM SEGURANÇA E SEM PASSAR FOME,
MESMO ESTANDO LONGE DA MAMÃE LUDMILA.

O BEZERRINHO JÚNIOR ADORA LEITE,
POIS FORTALECE SEUS OSSOS E MÚSCULOS.

A MAMÃE LUDMILA NÃO TEM DO QUE RECLAMAR
DO BEZERRINHO PORQUE ELE É SEMPRE OBEDIENTE,
ESPERTO E NUNCA FICA DOENTE.

A VAQUINHA LUDMILA, O PAPAI TOURO E O BEZERRINHO JÚNIOR FORMAM UMA LINDA FAMÍLIA. JÚNIOR SENTE-SE AMADO E PROTEGIDO. ELES SÃO FELIZES E SEMPRE SORRIDENTES PORQUE SE AMAM!

ASSIM COMO O BEZERRINHO JÚNIOR, AS CRIANÇAS PRECISAM TOMAR LEITE TODOS OS DIAS. ELE CONTÉM CÁLCIO E VITAMINA "D", QUE FAZEM BEM AOS OSSOS E DENTES, DEIXANDO AS CRIANÇAS FORTES.

COM O **LEITE DE VACA**, PODEM SER FEITOS MUITOS ALIMENTOS:

O **LEITE EM CAIXINHA** DO SUPERMERCADO...

DIVERSOS TIPOS DE **QUEIJO**, COMO O **PRATO**...

A **MANTEIGA** PARA PASSAR NO **PÃO**...

QUEIJOS LEVES, COMO O TIPO **MUÇARELA**, PARA **PIZZAS**...

E TAMBÉM O **IOGURTE**, QUE É UMA DELÍCIA!

Moral da história:
Todas as crianças necessitam de amor e proteção!

Dinâmica – Recordar a história da vaquinha Ludmila com as seguintes perguntas:

- Qual é a cor da vaquinha Ludmila e a cor do bezerrinho Júnior?
- De quem é o lago onde a vaquinha Ludmila gosta de estar nas tardes calmas?
- O que a vaquinha Ludmila gosta de mastigar o dia inteiro?
- Quem é o papai do bezerrinho Júnior?
- O que o bezerrinho Júnior admira em seu papai?
- Qual é o alimento que a vaquinha Ludmila produz para o bezerrinho Júnior e para a fazenda?
- Que partes do corpo do bezerrinho Júnior o leite fortalece?

Os Animais da Fazenda com atividades práticas:
Fazer os moldes e distribuí-los para as crianças desenhar, recortar, colar e montar os principais personagens da história, conforme modelos abaixo:

VAQUINHA LUDMILA	BEZERRINHO JÚNIOR	PAPAI TOURO

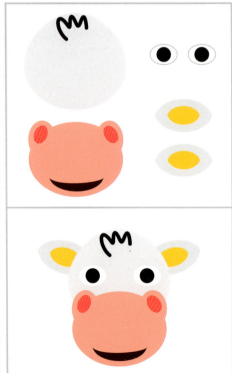

Materiais: CARTOLINAS COLORIDAS, TESOURA E COLA.